開啟幸福與豐盛的大門

龍神卡

大杉日香理
Ohsugi Hikari

繪：大野舞Denali　　譯：張筱森

幸せと豊かさへの扉を開く　**龍神カード**

Contents

龍神卡——連結神性恩典

　　東方風水提到四象中,「青龍」跟土地龍脈有緊密的連結。守護地脈的龍神常常是菩薩的坐騎,陪神祇出任務;民間風俗中,在開工破土、安龍謝神、興建廟宇,或是家族神龕、守護居民,都有龍神的參與,正是代表天(神)地(龍)人的合一意識。以龍神為守護神的「安龍送虎」是制煞的科儀,也是地方龍神信仰之一。

　　於日本江戶時代創建的「田無神社」祭祀許多神明,其中最特別的便是祭祀「五龍」——金龍、黑龍、赤龍、白龍、青龍。位居中央的金龍象徵豐饒之水,讓我們在大地中穩定扎根,穩定後發展成長,掌管家庭運與事業運以及領導力;其他四龍神象徵春夏秋冬,各自掌管不同的力量,依信眾需求而賜福。神社有販售五龍神御守,保佑信眾工作、事業、家庭、健康、戀愛及懷孕。

　　塔拉在二○一七年底遇見龍神卡,開卡時抽到「運龍」,當時的自己在那一年走得辛苦,身心狀態正在調養與復甦,「運龍」鼓勵我不管什麼事情只要去做,都能獲

得好的結果。而在二〇一八年元旦，突然之間靈感湧現，我開始使用龍神卡做運勢占卜，並於飛碟聯播網中介紹這套卡；春天在規畫自我探索的課程時，結合牌卡與藝術創作獲得學員好評；同時在這一年也非常頻繁地旅行：從日本、英國、法國到內蒙古地區等，正如「運龍」的祝福，我在這一年的創造力與教學產值都大大提昇，是打開意識能量的一年。而在二〇一九年獲邀Vogue時尚雜誌的塔羅牌占卜專欄時，更是常使用龍神卡的吉祥神諭。

　　作者「大杉日香理」傳遞神性意識，呈現出三十八種龍神力量；繪者「大野舞」藝術家更是賦予龍神多種樣貌。龍神是上天的使者，傳遞祝福的恩典，以及引導我們認知自己的高層心靈，進一步釋放執念與過往的傷痛印記，滋潤疲累、乾枯的內心世界，創建更健康、美好的生命情境，活出生命的至高福祉。當我們必須完成艱難的任務時，龍神的力量會帶走困難，祂可以為你指引方向，協助我們轉化自己。這條路徑並不孤單，我們有力量優雅地前進。

塔拉老師

序章

　　龍神是自古以來一直和人們很親近的神祇，時常被雕刻在神社或寺廟裡。不過你最近是否發覺到，不管是電影、動畫或是書本中，看到龍神二字的機會增加了呢？

　　這是理所當然的！因為現在有許多龍神存在於地球上，特別是日本，不斷發送希望我們能夠察覺的信號。

　　龍神在神明之中負責的是「結緣」。舉凡工作、戀愛、交友……皆為我們人生的各個層面牽起人與人之間的緣分，並成為靈魂成長與發展的後援。雖然如此，我們其實很難察覺自己究竟產生了何種變化。

　　因此，我在此獻上這副「龍神卡」。只要按照這副卡片上所寫的龍神建議加以實踐，龍神一定會喜悅地為你的成長與發展展開行動。而且龍神的行動非常有力，祂會迅速帶領我們前往超越想像的美好新世界。請透過這副卡片和龍神結緣交好，讓你的人生閃閃發亮吧。

大杉日香理

讓自己獲得龍神的後援

當我們使用這副卡片，只要不斷抽牌，便能夠提昇決斷力，獲得魔法物品，幫助自身下決定。

這樣的支援正是龍神之力。只要我們決定了方向，龍神便會替我們準備好前往那個方向的環境。

因此在日常生活中，不管是何種瑣碎小事，決定「自己想怎麼做」是非常重要的。以這副卡片決定意志的習慣，你的軸心將會愈來愈明確，不再隨波逐流，成長為能夠採取行動的人。

也就是說，成為能夠獨當一面、對自己人生負起責任的人後，就能夠發揮「領袖特質」。

如此一來，你的人生將會迅速發展。

龍神期待著人類的成長

　　龍神有許多種類，有我們稱為龍神的高階存在，也有為我們的日常生活提供後援等各式各樣的龍。

　　而且龍神的顏色、外型、表情、性格也各有不同。就像這副卡片所畫的，有色彩鮮豔的龍、毛茸茸的龍、露出可愛表情的龍等等。

　　為什麼會有這麼多多彩多姿的龍呢？這是為了讓人類產生動力。

　　舉例來說，有的人只要親切提醒便能產生動力，但也有人必須要嚴格指導才行，對吧？因此才會出現根據當事人的性格和情緒，來讓建議變得比較能夠接受的龍。

　　龍神希望我們的靈魂能夠成長發展，期待我們能為了這個世界與其他人類生存著。因為唯有巨大的意識變化，才能為地球帶來助益。

　　透過傾聽這副卡片帶來的龍神建議，你的覺察力必然能夠提昇。但願你的夢想與願望能夠實現，前往美好的人生。

龍 神 卡 的 使 用 方 法

在此介紹有效活用龍神卡的方法。你可以在任何時間不論次數地抽牌。只要連續三週每天抽牌，養成抽龍神卡的習慣，你的決斷力將會有顯著提昇。

應該要問龍神什麼問題？

這副卡片是為了促進實際行動，所以為了獲得想要的結果，請向龍神請教該怎麼行動才好。

- 我該怎麼做才能順利完成今天的簡報？
- 我該怎麼做才能提昇動力？

要是有猶豫不決的事情，請抽兩次牌。
一次是不這麼選擇的狀況，一次是這麼選擇的狀況，
然後選擇自己有感的建議。

- 換工作的話，會是什麼狀況？
- 不換工作的話，會是什麼狀況？

如果沒有特別想問的問題，
也推薦可以活用在設定行動上。

- 如果想愉快地度過今天，應該怎麼做？
- 如果今天想有所學習的話，應該怎麼做？
- 接下來的一週內，我應該以什麼主題度過？

基本的抽一張牌

將38張牌牌面朝下，靜下心來後，對龍神念出三次提問，接著洗牌到自己覺得可以的程度。接下來，仍舊維持牌面朝下，將牌面以扇形方式展開，從中抽出一張有感的牌。翻到正面，接收龍神給予的建議。

反

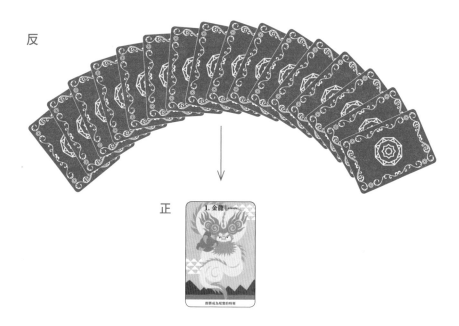

正

抽兩張牌

和基本抽牌法相同，抽出兩張有感的牌。結合兩張牌的牌意，能夠接收更加詳細的建議。

抽到界龍與兆龍時：整理必須長時間停留的地點，能夠令自己更加自在地生活。

抽三張牌

和基本抽牌法相同，抽出三張有感的牌。以正中間的牌是「現在」、下面是「過去」、上面是「未來」的順序排好，再依序翻開。根據時間軸獲得的龍神訊息，決定應該採取的方向。

③未來

①現在

②過去

過去／風龍、現在／劍龍、未來／金龍的狀況：發生的事情已經發生，不需太過在意。目前已經可以看見應該前進的方向，下定決心後，只要採取行動，你的願望必會在將來成真。

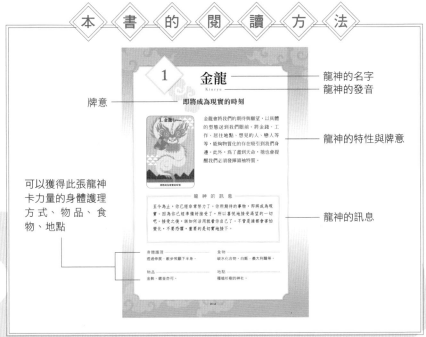

本書的閱讀方法

牌意

1 金龍
Kinryu
即將成為現實的時刻

龍神的名字
龍神的發音

龍神的特性與牌意

金龍會將我們的期待與願望，以具體的型態送到我們眼前。將金錢、工作、居住地點、想見的人、戀人等等，能夠物質化的存在吸引到我們身邊。此外，為了盡到天命，祂也會提醒我們必須發揮領袖特質。

龍 神 的 訊 息

至今為止，你已經非常努力了。你所期待的事物，即將成為現實。因為你已經準備好接受了，所以喜悅地接受這滿望的一切吧。接受之後，該如何活用就看你自己了。不管是誰都會害怕的變化，所以不要恐懼，重要的是切實地接下。

龍神的訊息

可以獲得此張龍神卡力量的身體護理方式、物品、食物、地點

身體護理
透過伸展、散步照顧下半身。

物品
金鈴、鍍金亦可。

食物
碳水化合物、白飯、義大利麵等。

地點
環繞杉樹的神社。

012

金龍

Kinryu

即將成為現實的時刻

1. 金龍 Kinryu

即將成為現實的時刻

金龍會將我們的期待與願望，以具體的型態送到我們眼前。將金錢、工作、居住地點、想見的人、戀人等等，能夠物質化的存在吸引到我們身邊。此外，為了盡到天命，祂也會提醒我們必須發揮領袖特質。

=== 龍 神 的 訊 息 ===

至今為止，你已經非常努力了。你所期待的事物，即將成為現實。因為你已經準備好接受了，所以喜悅地接受渴望的一切吧。接受之後，該如何活用就看你自己了。不管是誰都會害怕變化，不要恐懼，重要的是切實地接下。

身體護理 ……………………………
透過伸展、散步照顧下半身。

食物 ……………………………
碳水化合物。白飯、義大利麵等。

物品 ……………………………
金飾。鍍金亦可。

地點 ……………………………
種植杉樹的神社。

銀龍
Ginryu

渴望的狀態成為現實

渴望的狀態成為現實

相對於擅長將渴望的事物具體成形的金龍，銀龍則是擅長召來期待的狀態。「希望一直和伴侶相親相愛」「工作上希望獲得周遭的支持」等等，銀龍能夠捕捉這種願望的能量，替我們召來期待的狀態。

—— 龍 神 的 訊 息 ——

給一直埋頭苦幹的你。稍微停下腳步，試著回想一直照顧自己的人的臉孔，感謝他們；或是好好稱讚一直都很努力的自己吧。這麼一來，你和對方的關係將會更加改善，能夠獲得你所期待的狀態。

身體護理 ⋯⋯⋯⋯⋯⋯⋯⋯⋯⋯⋯⋯
以上半身為中心伸展吧。深呼吸。

食物 ⋯⋯⋯⋯⋯⋯⋯⋯⋯⋯⋯⋯⋯⋯
吃一些生菜，攝取維他命。

物品 ⋯⋯⋯⋯⋯⋯⋯⋯⋯⋯⋯⋯⋯⋯
銀飾。鍍銀亦可。

地點 ⋯⋯⋯⋯⋯⋯⋯⋯⋯⋯⋯⋯⋯⋯
多霧的地點。以室內噴霧製造霧氣亦可。

3 光龍
Kouryu

你是主角

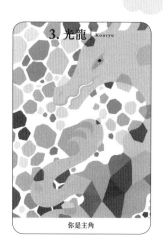

3. 光龍 Kouryu

你是主角

光龍是生命力的象徵，經常在我們身邊說著「你可以的，沒問題！」來鼓勵、給我們勇氣。今後，你將會沐浴在光龍散發出的光輝燦爛的光芒之中，會碰上格局恢弘的大事，也會有完全出乎意料的全新發展。

龍 神 的 訊 息

你是否覺得自己還不夠努力？如果只在意不足的感受，會讓難得的機會從手中溜走。接下來將是你當主角、迎接聚光燈下的華麗人生。抱著從今以後的人生只有幸福的想法，昂首闊步向前吧。

身體護理 ....
隨時都要記得抬頭挺胸。

食物 ....
香料。

物品 ....
發光物品。鑽石、鏡子、玻璃、陽光捕手掛飾。

地點 ....
有亮光的地方。夜晚時燈火通明的房間。

4 天龍
Tenryu

自由自在地成長

4. 天龍 | Tenryu

自由自在地成長

天龍充滿年輕氣息，擁有自由自在的新鮮能量，為你提供能夠無憂無慮發揮實力的後援。你的感性將比以往更加豐富，成長的力量也更加強大。不管你要採取什麼行動，此時都是最好的時機。

=== 龍 神 的 訊 息 ===

想要開始讀書、考取執照、運動、減重等新行動時，現在正是最佳時機。此時是能夠吸收各種新事物，容易發揮實力的時期，請務必帶著期待的心情開始行動。即使對於展開新行動會有所不安的人，也無須煩惱。開始新的挑戰，一切都會順利進行。

身體護理·····························
用力伸懶腰，伸展背部。

食物·································
舒芙蕾、蛋白霜、棉花糖等輕盈的甜點。

物品·································
用雪紡類的輕盈材質所製成的披肩或上衣。

地點·································
天空。透過窗戶也無妨，仰望天空。

5

地龍
Chiryu

轉換心結

轉換心結

地龍是要求你暫時冷靜下來，轉而內省的卡片。促使你審視內心，讓我們察覺「眞正重要的事物」。當你轉向注視平常無視的地點時，將可以再次確認自身價值，沉眠在你心中的才能便會迅速覺醒。

━━━ 龍 神 的 訊 息 ━━━

你是否被心結纏身以致落入了危機？你的心結其實是你的強大之處。你無法冷靜是因為你的興趣太過清楚、明白，太過內向是因為你有著足以看透周遭的觀察能力。只要有完全相反的發想，危機也能立刻化為轉機。

身體護理 ·······································
腳底。進行腳底按摩。

食物 ···
根莖類。牛蒡、白蘿蔔、紅蘿蔔等。

物品 ···
溫泉地的入浴劑。

地點 ···
地下鐵、溫泉、可以看見地層的地點。

翠龍
Suiryu

察覺真正的愛情

6. 翠龍 | Suiryu

察覺真正的愛情

翠龍充滿著愛情，猶如一位溫柔的大哥。不管是誰，都是令人憐愛的存在，只要察覺到這一點，那麼你就能夠感受到來自周遭的愛情。透過好好照顧自己，了解什麼是成熟的愛，你便能和溫柔的伴侶過著溫暖的每一天。

=== 龍 神 的 訊 息 ===

你是否感到焦躁想要做點什麼，或是因為人際關係陷入瓶頸而急於打破現況呢？我們先好好整理自己吧。藉由肯定自己、愛自己，便能有餘裕地建立良好的人際關係。直覺也會提昇，容易獲得好的結果。

身體護理 ·····················
睡前將手掌貼在額頭，溫暖額頭。

食物 ························
辛香料。胡椒、芥末、辣椒等。

物品 ························
祖母綠（模造物亦可）、觀葉植物、公園的樹葉。

地點 ························
庭園、草原、有廣大草坪的公園。

虹龍

Kouryu

高潮即將來臨

7. 虹龍 | kouryu

高潮即將來臨

虹龍告訴我們接下來的人生將會愈來愈有趣。只要繼續目前進行的事情，就有光明的未來在等待。你所選擇的故事必定會有大團圓的結局。

═══ 龍 神 的 訊 息 ═══

如果你現在有正順利進行中的事情，就繼續進行吧。安心地跟上這一波，便會結出令人欣喜的果實。若你煩惱著這樣下去可以嗎，那就開始嘗試其他事情。你一定會獲得必要的力量，只要無所畏懼地前進，幸福的高潮就在前方等著你。

身體護理
用髮油讓頭髮變得有光澤，指甲也是。

物品
天鵝絨布料或漆器、珍珠、蛋白石等有光澤的物品。

食物
生蠔、扇貝、烏賊、魚卵。

地點
映出天空的窗戶、水窪、湖面、水面。

8 白龍
Hakuryu

拓展視野輕鬆地做好準備

8. 白龍 | Hakuryu

拓展視野輕鬆地做好準備

白龍宛如老師父般達觀，以全面的角度俯瞰著萬事萬物。沉著、輕鬆地做好準備，便能產生順暢的循環。雖然全貌太過龐大，此時還無法告訴你將會抵達何處，但這張卡片提示你是時候跟上趨勢變化了。

=== 龍 神 的 訊 息 ===

你是否感覺事態已經開始變化，卻不知道該怎麼做？抑或新的事物已經開始，自己卻毫無變化？先不要焦躁，好好儲備力量，等待下一步吧。試著將自己交給趨勢的變化，一切都會好轉的。

身體護理 ⋯⋯⋯⋯⋯⋯⋯⋯⋯⋯
透過淋巴按摩改善體內循環。

物品 ⋯⋯⋯⋯⋯⋯⋯⋯⋯⋯⋯⋯
以蓮花為主題的飾品。

食物 ⋯⋯⋯⋯⋯⋯⋯⋯⋯⋯⋯⋯
白色食物。蘿蔔、麻糬、白米、蓮藕、魚板、白芝麻等。

地點 ⋯⋯⋯⋯⋯⋯⋯⋯⋯⋯⋯⋯
河川和公園噴水池等，可以看見水流的地點。

9

黑龍
Kokuryu

對眼前一切使出全力

9. 黑龍 | *Kokuryu*

對眼前一切使出全力

萬事萬物必定會經過折返點才會抵達終點。黑龍便是守在折返點，為目前的進展提昇能量的存在。祂能替我們確認一路走來的路線是否正確。提醒我們只要使出儲存的力量，便能夠抵達終點。

═══ 龍 神 的 訊 息 ═══

至今為止做的事情都不順利，不拿出全力不行，卻始終無法真的採取行動……這樣想的你，試著轉換心態吧，先認真解決眼前的事情。即使有點勉強，若是發揮自身本來就有的實力，將會迅速打開全新局面。

身體護理
和白龍一樣，透過淋巴按摩改善體內循環。

物品
紙筆、金箔。

食物
黑色食物。黑豆、海苔、墨魚汁、黑芝麻、蜆等。

地點
和白龍一樣，河川和公園噴水池等，可以看見水流的地點。

紫龍
Shiryu

接受變化

10. 紫龍 | Shiryu

接受變化

這個世間的萬事萬物都透過變化獲得成長。紫龍會加速人的變化，授予我們面對變化時所需的智慧。這是一張能讓我們朝著希望的方向飛躍的卡片。不光是巨大的變化，也要求我們必須接受日常生活中的微小改變。

龍 神 的 訊 息

你是否覺得想要改變卻無法做到，或是應該已經有所變化，卻毫無感覺？雖然放棄至今為止建立的一切並重新來過很辛苦，然而如今正是改變的時候。透過徹底接受變化，獲得必要的智慧、教養以及思想，踏上人生的新舞台。

身體護理
按摩頭皮、轉動脖子。

食物
胡桃、魚鰾、海膽。

物品
紫水晶、紫色衣物或飾品。

地點
溪谷。還有澀谷、日比谷、四谷等地名中有「谷」的地點。

11. 黃龍 | Kiryu

開始了

11　黃龍
Kiryu

開始了

黃龍擁有強大四處奔馳的能力，總是催促著我們行動。當我們為了達成目標採取行動並獲得成果的同時，黃龍也會告訴我們何時容易產生新的事物。此外，這也是一張當我們專心一志地進行某件事時，能提昇我們集中力的卡片。

── 龍 神 的 訊 息 ──

想要去旅行，但是……想開始學英語，可是……明明有想要做的事情，卻老是猶豫、不敢向前的你。不要多想，就行動吧。只要開始，集中力提高，就能獲得實踐的力量。一旦確認自己想做的事情，那麼你也會獲得為你加油的夥伴。

身體護理 ⋯⋯⋯⋯⋯⋯⋯⋯⋯⋯
由下往上按摩小腿肚。

食物 ⋯⋯⋯⋯⋯⋯⋯⋯⋯⋯⋯⋯
蛋白質。肉、魚、蛋。

物品 ⋯⋯⋯⋯⋯⋯⋯⋯⋯⋯⋯⋯
黃色衣物或飾品。

地點 ⋯⋯⋯⋯⋯⋯⋯⋯⋯⋯⋯⋯
安靜的地點，像是氣氛沉穩的咖啡廳。在家的話，關掉電視保持室內安靜。

青龍
Seiryu

筆直前進

12. 青龍 | Seiryu

筆直前進

青龍擁有能夠不停前進的力量。這張卡片會給予我們充滿幹勁、飛快果敢地前進的力量。當你沉浸在某種事物，連時間也不在意時，你就會獲得青龍的後援，事情將會順利發展。這張卡片也告訴我們，一口氣往前邁進的時機已經成熟。

═══ 龍 神 的 訊 息 ═══

你有動力嗎？若是毫無動力的話，請自問是否在忍耐著不去做自己真正想做的事？現在的你正值能夠不斷前進的時期，請找到能讓你充滿動力的事。而此時正在做著想做的事情的人，請加快腳步。這是往前邁進也OK的徵兆。

身體護理 ·······························
伸展四肢。

食物 ···································
麵線、牛蒡、大蔥、紅蔥等長型食物。

物品 ···································
筆或尺。

地點 ···································
河邊、護城河。

13

紅龍
Kouryu

確實進行

13. 紅龍 | Kouryu

確實進行

紅龍能夠確實發揮爲了更上一層樓所累積的力量。爲了累積力量，紅龍會提示我們何時應該面對自己的內心。不管何事，重要的是必須一步一步確實踩穩，累積起來後，你的經驗值也會大幅提昇。

─── 龍 神 的 訊 息 ───

你是否太過在意外在的狀況？現在的你想要做什麼，請面對自己的內心吧。當留意到自己真正的情感時，答案也會自然浮現。而整理身邊事物也同樣重要，重點是整理房間、背包、化妝包。

身體護理 ⋯⋯⋯⋯⋯⋯⋯⋯⋯⋯⋯⋯⋯⋯⋯⋯⋯
注意口腔清潔。口腔按摩、刷牙。

食物 ⋯⋯⋯⋯⋯⋯⋯⋯⋯⋯⋯⋯⋯⋯⋯⋯⋯⋯⋯
蒟蒻、李子乾、萵苣等富有纖維的食物。

物品 ⋯⋯⋯⋯⋯⋯⋯⋯⋯⋯⋯⋯⋯⋯⋯⋯⋯⋯⋯
波爾多紅色的家居服、襯衫、拖鞋。

地點 ⋯⋯⋯⋯⋯⋯⋯⋯⋯⋯⋯⋯⋯⋯⋯⋯⋯⋯⋯
花壇、可以看見土的庭院、公園。

風龍
Fuuryu

輕快的腳步

14. 風龍 | Fuuryu

輕快的腳步

風龍會帶給我們宛如溫柔春風、輕快前進的力量。這股輕快的力量，會撫慰周圍人的心，自然地擁有影響力。這張卡片提示我們不要焦慮結果為何，輕鬆自在地做好準備，緩步向前，必須珍惜事物發展的過程。

=== 龍 神 的 訊 息 ===

你是不是把事情想得太難了？萬事萬物都是在愉快的狀況下進行。要是太鑽牛角尖，或是正忍耐著什麼，請嘗試恢復能夠感到愉悅的狀態吧。不要勉強，保持輕鬆愉快的心情很重要。單純地跟著「快樂的心情」走，便能獲得周遭的理解，讓一切都順利起來。

身體護理
留意肌膚的保濕，以及護髮。

食物
生菜、生魚片等活用食材味道的食物。

物品
圍巾、領巾。

地點
舒服的風吹過的地點。以團扇搧風也OK。

15 木龍
Mokuryu

扎根之時

15. 木龍 | Mokuryu

扎根之時

在所有的地球生命體中，樹木擁有傲視眾生的漫長生命，而它們便是木龍。祂會告訴我們此時是必須學習更多的時候，是最適合在大地扎根的時期。對於穩健地立下目標，以長遠的觀點努力提昇自身價值的人來說，這是一張支援你的上進心以及成長的卡片。

龍 神 的 訊 息

你是否焦急於想要盡快得到成果？你此刻在做的事情即使要花上許多時間，也必定會發芽，迅速成長為「你」這棵參天大樹。特別是現在什麼都沒做的人，請開始嘗試你有興趣的事情吧，學習新的事物或運動，這些事情將來一定能夠提昇你的價值。

身體護理
定期剪髮以及護髮。保養指甲及後腳跟也會有效果。

物品
木盤、以木頭或天然物品製作，帶有自然風味的首飾。

食物
球芽甘藍、蜂斗菜、遼東楤木、芽菜、豆芽菜。

地點
有大樹的公園或神社，花壇裡種植發芽中的植物。

16 火龍

Karyu

熱情最為優先

16. 火龍 | Karyu

熱情最為優先

火龍就是火焰本身，擁有熊熊燃燒的火焰能量。火龍卡會催促我們珍惜源源不斷湧出的念頭，不管什麼事情都要「帶著熱情行動」。祂告訴我們，在日常生活中必須有意識地做出令自己感到興奮不已的選擇，確實地掌握幸福。

龍 神 的 訊 息

你是否因為太過在意周圍的人們及狀況，而放棄了自己真正想做的事情？你的內心應該有著熊熊翻騰的熱情才對。比起周遭，更重要的是你的想法，請讓自己的想法排在第一位吧。如果你真有打從心裡想做的事情，那麼你的生活一定會改變為讓你容易成功的狀況，讓你周遭都是抱著相同熱情的夥伴。

身體護理 ⋯⋯⋯⋯⋯⋯⋯⋯
透過運動提昇心跳數，鍛鍊心臟。不要暴飲暴食，好好照顧肝臟。

物品 ⋯⋯⋯⋯⋯⋯⋯⋯⋯⋯⋯
蠟燭、線香、備長炭。

食物 ⋯⋯⋯⋯⋯⋯⋯⋯⋯⋯⋯
烤肉、牛排、B.B.Q、烤魚等燒烤料理。

地點 ⋯⋯⋯⋯⋯⋯⋯⋯⋯⋯⋯
有暖爐、瓦斯爐等有火的地點、溫泉地。

17

水龍
Suiryu

面對情感之時

17. 水龍 | Suiryu

面對情感之時

當我們擁有沉穩、堅強的意志時，水龍將會告訴你，現在是你必須面對內心未曾獲得療癒的感情和無法整理的情緒的時候了。透過各種感情和自己內心溝通的重要時間，將會帶領我們更上一層樓。

═══ 龍 神 的 訊 息 ═══

你一直在奔跑著。雖然沒有停下腳步，但是否曾不知道為什麼要繼續，或是無法按照計畫地前進？請你先停下腳步，思考為什麼會這樣，好好面對自己的內心。透過「休息」這件事，覺察自己真正的心情，以全新角度繼續進行想做的事情吧。

身體護理 ……………………………
熱敷腰部，多喝水，促進體內循環。

食物 ……………………………………
礦泉水。

物品 ……………………………………
柑橘類精油。

地點 ……………………………………
浴缸水面，平靜的海邊。

輪龍
Rinryu

完成的事物開始啟動之時

18. 輪龍 Rinryu

完成的事物開始啟動之時

為了達成目標，像輪子般不停轉動的輪龍將會出現。此時正是萬事具備只欠東風的狀態。因為你一定會獲得一切所需的事物，輪龍會告訴你，接受來到你身邊的一切是非常重要的。

═══════ 龍 神 的 訊 息 ═══════

你是否認為應該要更磨練技術，要學習更多知識呢？其實你已經具備所有能力，只是你自己尚未發現。此時剩下的只有將截至目前學到的一切當作基礎開始行動而已。不要認為自己還有所不足，理解此時是展開行動的最佳時機，你便能得到期望的成果。

身體護理 ······························
試著轉動眼球放鬆眼睛周圍的肌肉。
手指保濕。

物品 ·······································
戒指、項鍊、手鐲。

食物 ·······································
甜甜圈、瑞士卷等令人聯想起輪子的
食物。

地點 ·······································
轉運站、高速公路休息站。

19

源龍
Genryu

約定好的未來

19. 源龍 | Genryu

約定好的未來

外型是無限大符號的源龍，告訴你已經準備好要通往成功了，你將會補充無限的能量，萬事萬物都會順利運行。這將是名留青史的大冒險開端。不要害怕自己扮演的重要角色，現在就開始吧。

━━━ 龍 神 的 訊 息 ━━━

你已經做好所有事情，接下來你將會感受到巨大的變化。即使一開始並未察覺，但是一切會逐漸清晰。彷彿全世界都站在你這邊似地勢如破竹。請這麼相信，你已經獲得精彩的未來！

身體護理 ⋯⋯⋯⋯⋯⋯⋯⋯⋯⋯⋯
伸展股關節或是腰部。

食物 ⋯⋯⋯⋯⋯⋯⋯⋯⋯⋯⋯⋯⋯⋯
均衡攝取蛋白質、碳水化合物、維他命。定食是最佳選擇。

物品 ⋯⋯⋯⋯⋯⋯⋯⋯⋯⋯⋯⋯⋯
無限大符號的飾品、蝴蝶結形狀的鞋帶、星空的寫真集。

地點 ⋯⋯⋯⋯⋯⋯⋯⋯⋯⋯⋯⋯⋯⋯
可以看見夜空的地點、天文台。

20 雲龍
Unryu

有人守護著你

有人守護著你

雲龍就是雲朵本身。「我們都在看著你，沒問題的！」這是一張告訴你以雲龍為中心，有各種龍神一起守護著你的卡片。比起埋頭猛衝，不如欣賞周遭景色緩緩前行吧。

=== 龍 神 的 訊 息 ===

你曾經因為不安而停下腳步，覺得沒有人站在自己這一邊。一定有人在守護你的，所以不要害怕，安心地前進。如果碰到阻礙，不要鑽牛角尖，試試看其他方法，或許就能找到讓一切順利進行的答案。

身體護理 ……………………………
伸展肩胛骨。

食物 ………………………………
熱湯、花草茶等，對身體有益的熱飲。

物品 ………………………………
毛茸茸的襪子。

地點 ………………………………
可以看見雲的地方。

21 花龍
Karyu

展現全新魅力

21. 花龍 | Karyu

展現全新魅力

花龍就是花朵本身。這是一張提示此時的你正如花朵一般，能夠獲得全新魅力的卡片。只有和他人互動時，才能初次了解自己到底擁有何種魅力。透過積極和他人互動，充滿全新相遇和變化的季節即將到來。

=== 龍 神 的 訊 息 ===

試著改變自己給他人的印象吧。找到真正適合自己的妝容和髮型，你將會充滿自信。同時也透過砥礪自己的內在，你會散發出全新魅力，獲得新的人際關係和美好邂逅。此時最適合挑戰新事物，你將擁有一張充滿鬥志的新臉孔。

身體護理 ·······················
輕柔按摩鼻梁。以化妝水濕敷。

食物 ·······························
燉牛肉、咖哩等充滿香味的美味料理。

物品 ·······························
插花。有花朵圖案的洋裝或是飾品、包包等。

地點 ·······························
花田。

岩龍
Ganryu

決定繼續下去

決定繼續下去

岩龍就像守護孩子的母親一般，在稍遠的地方溫柔地守護我們。當我們具體立下一到兩年的中長期目標時，岩龍將會開始徹底地支持我們。即使是漫長的道路，我們也能充滿安全感地順利前進。

━━━━ 龍 神 的 訊 息 ━━━━

你是否遲遲未能開始想做的事情，抑或是開始了卻沒多久就放棄？此刻正是訂定計畫的大好時機。即使總是虎頭蛇尾的人，現在也可以繼續下去。就算之前走向別的方向，只要現在回頭都還來得及。立刻就開始想要繼續下去的事情吧。

身體護理 ....
照顧牙齒，仔細咀嚼後再吞下食物。

食物 ....
雞胗、糙米、內臟、魷魚乾等有嚼勁的食物。

物品 ....
水晶。

地點 ....
岩場、富士山五合目。

23

雷龍
Rairyu

描繪出未來的自己

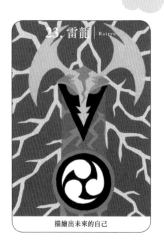

23. 雷龍 | Rairyu

描繪出未來的自己

如果你想像自己未來會變成什麼樣子，並且朝著這個目標努力，雷龍會答應你，幸福和成功將在不遠處等著。只要看著前方邁進，雷龍就會成為你抓住期望的未來後援，當你發現時，你期望的未來便已成真。

=== 龍 神 的 訊 息 ===

你是否始終被日常生活追著跑，被過去束縛住無法前進？這種時候就在心裡想像未來的自己，採取必要的行動吧。如果想不出來的話，就看看電影、讀讀小說、和人談天說地地蒐集材料。重點是以愉快的心情想像未來的自己。

身體護理 ……………………………
以充分睡眠保養自律神經。

物品 ……………………………………
室內燈等能夠製造氣氛的燈具。

食物 ……………………………………
金平糖、雷根糖、馬卡龍等色彩繽紛的甜點。

地點 ……………………………………
有彩色燈飾的地點、煙火大會。

24

豐龍
Houryu

先挑戰再說

24. 豐龍 | *Houryu*

先挑戰再說

雙手抱著滿滿豐收稻米的豐龍是代表精神和物質都十分充足的存在。你不需擔心食衣住行等生活基礎，可以安心、專心做自己想做的事情。此外，這張卡片也顯示出此時是能夠獲得成長所需資金的好時機。

--- 龍 神 的 訊 息 ---

你的生活基礎已經獲得保證，所以不要感到不安，盡情挑戰喜歡的事情吧。如果不順利的話，只要回歸初衷就沒問題。如果沒有想要挑戰的事情，那麼就幫助周遭正在展開挑戰的人吧，因為你已經擁有可以分享給他人的事物了。

身體護理
伸展手腳，抬頭挺胸地行走。

食物
白米。

物品
黃色飾品、圍巾。

地點
里山、有銀杏的神社或公園。

飛龍
Hiryu

採取不同做法

25. 飛龍｜Hiryu

採取不同做法

飛龍不會浪費力氣，而是輕飄飄地在空中飛翔，祂會提醒我們身為人類的盲點。不要固執於目前的做法，從截然不同的角度思考，便會萌生許多新想法，開拓新的道路。現在同時也是讓你大開眼界的時期。

=== 龍 神 的 訊 息 ===

或許你已經嘗試過各種方法，卻始終找不到解決辦法，或是正為了事情無法朝期待的方向進行非常煩惱，請先停下目前正在拚命努力的事情吧。如果你正在用功念書，那就先不要念書；如果你正在尋找結婚對象，就先暫停尋找。透過脫離執著於某件事情的狀態，以別的角度看待事情，就可以發現解決辦法。

身體護理 ……………………
讓眼睛休息。

食物 ……………………
溫暖身體的熱湯或飲料。

物品 ……………………
和目前穿衣風格不同的衣服。

地點 ……………………
很想去卻一直沒去過的地方。改變上班路線。

26

昇龍
Shouryu

一口氣更上一層樓

26. 昇龍 Shouryu

一口氣更上一層樓

昇龍會幫助我們乘上更上一層樓的上升氣流。是一張會讓我們宛如走捷徑一般搭上上升電梯的卡片。昇龍會為我們帶來新的人際關係,像是邂逅幫助我們往上爬的貴人等,重點是不要害怕。

=== 龍 神 的 訊 息 ===

龍神界很早就看中你,希望你早日成長為能夠帶給周遭良好影響的人。你感覺要花上三年才能學會的東西,卻在一年內就全部學會了,所以過著很忙碌的生活吧。為了替即將到來的人生大進展做好準備,在時機一來就能迅速跟上,請盡量儲備體力吧。

身體護理 ·······
睡覺以保存體力。

食物 ·······
均衡地攝取各種食物。日本料理。

物品 ·······
適合走路的鞋子。

地點 ·······
電梯、樓梯、塔頂。

姬龍
Himeryu

邂逅可信賴之人

27. 姬龍 | Himeryu

邂逅可信賴之人

姬龍是貴夫人，負責經營各種龍神聚集的沙龍，祂很擅長牽起新的人際關係。這張卡片在說你將會在各種場合中，邂逅能夠相處一輩子的人。為了這場邂逅，你必須有意識地蒐集情報。

=== 龍 神 的 訊 息 ===

你是否對於目前的人際關係感到不自在？雖然和一直都很親近的人之間產生距離感到不安，不過不要在意，不想繼續往來的話就切斷這段關係吧。相對地，拿出勇氣加入新的社群，就能與未來能夠幫助自己的同伴相遇。這也是發現自己全新一面的機會。

身體護理 ·····
保養頭髮，讓頭髮有光澤。提昇眼光。

物品 ·····
雜誌。內容豐富的書籍。

食物 ·····
西班牙料理、義大利料理，能夠和眾人一起分享的料理。

地點 ·····
十字路口、可以看見十字路口的咖啡廳。

28 龍脈

Ryumyaku

人生的轉捩點

28. 龍脈 | Ryumyaku

人生的轉捩點

龍脈是龍神經過的道路。每一位龍神都有祂們各自經過的道路。根據選擇的龍脈，也會抵達不同的目的地。也就是說，這是一張表示你正站在人生分歧點的卡片，此刻正是你的轉捩點。

=== 龍 神 的 訊 息 ===

你想要人生往哪個方向前進？徹底弄清楚你想要前往的地方吧。如果能明確知道自己在追求什麼，那麼事情就會按照你期待的發展。不要再為自己找藉口，從日常小事開始，決定自己想怎麼做，你便會發現捷徑通往期待的未來。

身體護理
伸展腰部、轉動骨盆。

食物
綠色蔬菜。葉菜類、花椰菜、青椒等。

物品
電車票、機票、月票。

地點
轉運站、高速公路休息站、機場。

29

兆龍
Chouryu

用自己的方式生活的徵兆

29. 兆龍 | Chouryu

用自己的方式生活的徵兆

兆龍就是變化的徵兆。成長階段本來就有各種變化的時期，若有想做的事情那就去做；沒有動力的時候就停下來。兆龍告訴我們，有意識地切換做法與想法非常重要。太過在意常識的人，請稍微往外踏出一步吧，你會發現自己真正想做的事情。

=== 龍 神 的 訊 息 ===

你是否經常煩惱著不能做自己，不知道自己究竟想做什麼？那是因為你遭到常識束縛了。「可以一直這麼下去嗎？」請這麼問你自己。一旦你開始懷疑自己，那就是即將脫胎換骨為全新自己的徵兆。你將會散發出屬於你自己真正的光芒。

身體護理
留意額頭。按摩頸部的淋巴。

物品
青金岩。或是藍色的物品。

食物
靈魂料理、國產食物等，會令你留意到如今身在何處的食物。

地點
光線射入的地點、晨曦或是夕陽的光芒射入的房間。

30 瑞龍
Zuiryu

發生難以置信的奇蹟

30. 瑞龍 | Zuiryu

發生難以置信的奇蹟

就像好事發生前的預兆稱為「瑞兆」一樣，瑞龍正是一張告訴你，你一直以來的努力終於獲得回報，未來將會一帆風順的卡片。接下來將會發生目前的你無法預測的狀況，你的價值將會一口氣翻倍。

=== 龍 神 的 訊 息 ===

恭喜！接下來的你將會發生令你無上喜悅的好事。那將是超越我們想像的好事，因此請你只要相信「屬於自己的瑞兆已經到來」，不要想像將會發生什麼事。請不要再感到自卑，放寬心地準備接受瑞兆吧。

身體護理
徹底保養自己最喜歡的身體部位。

食物
麵類。

物品
令自己感到心動的物品。

地點
可以看見天空的地方。

運龍

Unryu

運氣上升！

31. 運龍 | Unryu

運氣上升！

運龍告訴你，你接下來的運氣將直線上升。因為此時是無敵的幸運期，只要有想做的事情，千萬不要迷惘，直接去做。為了達成期望的未來，此時也是可以順利儲存運氣的時期，是累積點數的好時機。請溫柔地對待他人和自己吧。

═══ 龍 神 的 訊 息 ═══

此刻正是不管什麼事情都能獲得好結果的幸運期。就像稻草富翁一樣，第一次的微小成功會喚來下一次的成功，接著會漸漸通往巨大的成功。因此，請你先做令他人感到開心的事情吧。只要留意著日行一善，你就會表現得愈來愈好，乘上運氣的上升氣流。

身體護理 ⋯⋯⋯⋯⋯⋯⋯⋯⋯⋯⋯⋯⋯⋯
不要暴飲暴食，好好照顧腸胃。

食物 ⋯⋯⋯⋯⋯⋯⋯⋯⋯⋯⋯⋯⋯⋯⋯⋯
蛋類料理。

物品 ⋯⋯⋯⋯⋯⋯⋯⋯⋯⋯⋯⋯⋯⋯⋯⋯
有圓形或是蛋形記號的小東西或是飾品。

地點 ⋯⋯⋯⋯⋯⋯⋯⋯⋯⋯⋯⋯⋯⋯⋯⋯
神社。

32

祝龍
Shukuryu

向喜悅的未來乾杯

32. 祝龍 | Shukuryu

向喜悅的未來乾杯

祝龍告訴我們值得慶祝的喜事必會到來。因為值得祝福的喜事必定會到來，所以從現在開始就抱著慶祝的心情度過吧。透過事前祝賀這件事連接到成為現實的未來。

=== 龍 神 的 訊 息 ===

會令你切實感受到幸福的事情將會在近期發生。不管你現在在做什麼或是正在走哪一條路，都不要迷惘，努力往前就沒問題。沒有感受到慶祝預兆的人，也請想像值得慶祝的事情即將到來。此外，也可以打從心裡祝賀某個人，透過這樣的循環，你也將會得到幸福。

身體護理 ....
使用護手霜保養手部，隨時留意手部的狀況。

食物 ....
酒類。

物品 ....
玻璃酒杯。

地點 ....
慶祝宴會、結婚典禮會場。

33 流龍
Ruryu

跟上趨勢

33. 流龍 Ruryu

跟上趨勢

流龍告訴我們令人喜悅的趨勢變化即將到來。祂教導我們即使走投無路、陷入瓶頸，隨時都可以改變方向。這張卡片也暗示著只要跟上趨勢，你將會獲得大量經驗，成為具有巨大影響力的領導者等，社會地位將可能有所轉變。

=== 龍 神 的 訊 息 ===

帶領你前往期望方向的趨勢出現了。為了跟上趨勢，不要再固執於此刻正在做的事情。此外，把不斷拖延的事情做個了結，現在最該做的就是完成應該完成的課題。以輕快的腳步跟上趨勢，你將能夠迎來人生重大的成長期。

身體護理
伸展大腿，以區域反射療法保養腳底。

食物
湯品、飲料、開水等流質食物。

物品
流線造型的飾品。以雪紡材質製成的輕飄飄的裙子、絲巾。

地點
可以看見波浪的地點、有流水的水池。

界龍
Kairyu

整理好舒適的環境

34. 界龍 Kairyu

整理好舒適的環境

界龍總是出現在龍神休憩、可以安心停留的地點。這張卡片告訴我們整理好身邊的環境，便能迎來良好的運氣。因為空間對我們的影響非常巨大，請放下不需要的物品，為自己準備好能夠安心自在的地點。

═══ 龍 神 的 訊 息 ═══

你的住處是能夠讓你放鬆的地方嗎？首先，請先整理好住處，讓自己更喜歡目前的居住地點吧。透過改變情緒，創造力也能有所提昇。此外，為了在職場等必須長時間停留的地點過得舒適，請重新盤點人際關係。思考轉換跑道，或是整理自己所在的空間也很重要。

身體護理
泡澡溫暖身體。

食物
自己煮的飯菜。

物品
能讓自己在家中感到放鬆的物品。

地點
自己的住家。

寶龍

Houryu

消除負面意識

35. 寶龍 Houryu

消除負面意識

顯化靈魂成長的寶龍。為了隨著靈魂成長而實現的願望，這張卡片將會借給我們必要的新力量。此外，不要固執於過去的情報，透過更新情報，目前陷入瓶頸的情況，也將會有新的進展。

龍 神 的 訊 息

雖然是必須要走的一條路，但你是否因為沒有動力而選擇避開呢？為了切實地有所成長，你必須克服辛苦的課題。即使是令你猶豫不決的工作、提議，也請務必咬牙接下吧。你將會明白看似迂迴的路程，其實是通往目的地的捷徑。

身體護理 ⋯⋯⋯⋯⋯⋯⋯⋯⋯⋯⋯⋯⋯⋯⋯
留意呼吸。放鬆。保養牙齒。

食物 ⋯⋯⋯⋯⋯⋯⋯⋯⋯⋯⋯⋯⋯⋯⋯⋯⋯
硬仙貝等可以好好咀嚼的食物。

物品 ⋯⋯⋯⋯⋯⋯⋯⋯⋯⋯⋯⋯⋯⋯⋯⋯⋯
球狀物。珍珠、水晶、彈珠等。

地點 ⋯⋯⋯⋯⋯⋯⋯⋯⋯⋯⋯⋯⋯⋯⋯⋯⋯
神社。

劍龍
Kenryu

此刻正是下定決心的時候

36. 劍龍 Kenryu

此刻正是下定決心的時候

劍龍是龍神擁有的劍的能量本身，這是一張催促我們下決定的卡片。此時正是你的人生需要做出重要決定的時刻。下定決心往前邁進，你將會進入新的世界。此外，抽到這張卡片也暗示著此時正是透過新工作、搬家和新天地產生連結的時機。

龍 神 的 訊 息

你受到周遭影響過深，失去了自己的方向。冷靜下來，重新回顧自己的情緒吧。只要你的內心感到平靜，就能看見該往何處前進。放下不需要的事物，帶著覺悟前進吧。只要慎重地對待自己的情感，就會獲得好的結果。

身體護理
刷牙。消除口臭。鍛鍊腹肌。

食物
肉類。

物品
筆。

地點
祖先的墳墓、住處附近的寺廟。

37

雙龍
Souryu

依賴他人

37. 雙龍 | Souryu

依賴他人

雙龍以最均衡的方式讓萬事萬物順利運行。這張卡片建議我們不要花費多餘的力氣，輕鬆看待一切，不要執著某件事，而是盡可能採取多種看待事物的角度。聽取各種意見，建立合作體制。

=== 龍 神 的 訊 息 ===

你是否有沉重的負擔，或是只有你一個人在努力呢？你周圍有很多可以依靠的人，試著坦率地借用他人的能力吧。只要你學會依靠他人，便能夠產生信賴關係，團隊的向心力也能提昇，大家都可以感到滿足。職場、家庭與朋友之間的人際關係也能有所改善。

身體護理 ⋯⋯⋯⋯⋯⋯⋯⋯⋯⋯⋯⋯
將重心放在雙腿，站穩地面。

食物 ⋯⋯⋯⋯⋯⋯⋯⋯⋯⋯⋯⋯⋯⋯
富含礦物質的鹽、發酵食品。

物品 ⋯⋯⋯⋯⋯⋯⋯⋯⋯⋯⋯⋯⋯⋯
隨身攜帶這張「雙龍」卡。

地點 ⋯⋯⋯⋯⋯⋯⋯⋯⋯⋯⋯⋯⋯⋯
被山、海等大自然環繞的地方，或是在都市中對自己很重要的地點。

九頭龍
Kuzuryu

偉大目標的開始

38. 九頭龍 | Kuzuryu

偉大目標的開始

九頭龍位在龍神的最頂端，擁有九顆頭。這是一張告訴我們人生稀有的轉機即將來臨的卡片。提示我們接下來將是完全無法預測，前往偉大目標旅程的開始。是所有卡片中最特殊的一張，請絕對不要放過這個機會。

=== 龍 神 的 訊 息 ===

今後將會發生讓人生獲得幸福的大事。一開始會是微不足道的小事，雖然不知道之後會通往何處，不過接下來會出現完整的支援體制，貴人不斷增加等，各種好機會接踵而來。因為你已經獲得龍神的加持，請安心地前進吧。

身體護理 ....
按壓頭頂。

食物 ....
自己喜歡的料理。

物品 ....
智慧型手機。

地點 ....
星空、天文台。

作者：大杉日香理

　　著有銷量超越11萬冊的暢銷書《成為「龍使者」的書》，是著書累計發行超過30萬冊的暢銷作家。10年內參拜過的神社已達10,000座。舉辦朝聖全國神社、聖地的「神旅」，參加人數已超過7,000人。她在各地方政府機關進行巡迴演講，和當地行政機關共同合作，以神社為主軸，進行周邊地方振興工作，促進社區發展。也與神田神社展開共同事業，並在全國各地舉辦官方龍神卡養成講座。

關於本書內容的詢問，請利用來信或是電子郵件（jitsuyou@kawade.co.jp）。不接受以電話的詢問，請多包涵。

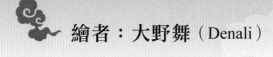

繪者：大野舞（Denali）

2003年慶應義塾大學環境情報學部畢業後，進入株式會社麥肯廣告，負責廣告創意策略的工作。2006年離開麥肯廣告後，開始自行創作。之後前往阿拉斯加留學、環遊世界累積了各種經驗，所繪製的作品更是充滿故事性與幻想性。現在以旅遊圖文作家「Denali」的身分，主要活躍於書籍、雜誌與廣告等領域。著有《靈性的母親》（KADOKAWA）、《連結宇宙的曼陀羅著色畫》（河出書房新社），並擔任《日本神諭占卜卡》（橡樹林文化出版）的插畫裝幀。

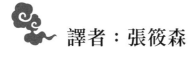

譯者：張筱森

任職傳統產業，偶爾兼差翻譯。

Original Japanese title：SHIAWASE TO YUTAKASA ENO TOBIRA WO HIRAKU RYUJIN CARD
Copyright©2017 Hikari Ohsugi, Mai Ohno
Original Japanese edition published by KAWADE SHOBO SHINSHA Ltd. Publishers
Traditional Chinese translation rights arranged with KAWADE SHOBO SHINSHA Ltd.
Publishers through The English Agency(Japan) Ltd. and AMANN CO., LTD., Taipei

眾生系列　JP0207X

龍神卡──開啓幸福與豐盛的大門
（38張開運神諭卡＋指導手冊＋卡牌收藏袋）
幸せと豊かさへの扉を開く　龍神カード

作　　　者／大杉日香理
繪　　　者／大野舞（Denali）
譯　　　者／張筱森
責 任 編 輯／劉昱伶
業　　　務／顏宏紋

總　編　輯／張嘉芳
出　　　版／橡樹林文化
　　　　　　城邦文化事業股份有限公司
　　　　　　104台北市民生東路二段141號5樓
　　　　　　電話：(02)2500-7696 ext2736　傳眞：(02)2500-1951
發　　　行／英屬蓋曼群島商家庭傳媒股份有限公司城邦分公司
　　　　　　104台北市中山區民生東路二段141號5樓
　　　　　　客服服務專線：(02)25007718；25001991
　　　　　　24小時傳眞專線：(02)25001990；25001991
　　　　　　服務時間：週一至週五上午09:30～12:00；下午13:30～17:00
　　　　　　劃撥帳號：19863813　戶名：書虫股份有限公司
　　　　　　讀者服務信箱：service@readingclub.com.tw
香港發行所／城邦（香港）出版集團有限公司
　　　　　　香港灣仔駱克道193號東超商業中心1樓
　　　　　　電話：(852)25086231　傳眞：(852)25789337
　　　　　　E-mail：hkcite@biznetvigator.com
馬新發行所／城邦（馬新）出版集團【Cité (M) Sdn.Bhd. (458372 U)】
　　　　　　41, Jalan Radin Anum, Bandar Baru Sri Petaling,
　　　　　　57000 Kuala Lumpur, Malaysia.
　　　　　　電話：(603)90563833　傳眞：(603)90576622
　　　　　　E-mail：services@cite.my

內文排版／歐陽碧智
封面設計／兩棵酸梅
印　　刷／韋懋實業有限公司

初版一刷／2023年1月
二版一刷／2024年1月
ISBN／978-626-7219-80-5
定價／699元

城邦讀書花園
www.cite.com.tw

版權所有‧翻印必究（Printed in Taiwan）
缺頁或破損請寄回更換

國家圖書館出版品預行編目（CIP）資料

龍神卡：開啓幸福與豐盛的大門／大杉日香理著；
張筱森譯. -- 二版. -- 臺北市：橡樹林文化，城邦
文化事業股份有限公司出版：英屬蓋曼群島商家
庭傳媒股份有限公司城邦分公司發行，2024.01
　面；　公分. --（眾生；JP0207X）
譯自：幸せと豊かさへの扉を開く龍神カード
ISBN 978-626-7219-80-5（平裝）

1.CST：占卜

292.96　　　　　　　　　　　　　　112019828

104 台北市中山區民生東路二段 141 號 5 樓

城邦文化事業股份有限公司

橡樹林出版事業部　收

請沿虛線剪下對折裝訂寄回，謝謝！

|橡|樹|林|

書名：龍神卡──開啓幸福與豐盛的大門　書號：JP0207X

橡樹林文化

讀者回函卡

感謝您對橡樹林出版社之支持，請將您的建議提供給我們參考與改進；請別忘了給我們一些鼓勵，我們會更加努力，出版好書與您結緣。

姓名：＿＿＿＿＿＿＿＿＿　□女　□男　　生日：西元＿＿＿＿＿＿年

Email：＿＿＿＿＿＿＿＿＿＿＿＿＿＿＿＿＿＿＿＿＿＿＿＿＿＿＿＿

● 您從何處知道此書？

　□書店　□書訊　□書評　□報紙　□廣播　□網路　□廣告 DM

　□親友介紹　□橡樹林電子報　□其他＿＿＿＿＿＿＿＿＿

● 您以何種方式購買本書？

　□誠品書店　□誠品網路書店　□金石堂書店　□金石堂網路書店

　□博客來網路書店　□其他＿＿＿＿＿＿＿＿

● 您希望我們未來出版哪一種主題的書？（可複選）

　□佛法生活應用　□教理　□實修法門介紹　□大師開示　□大師傳記

　□佛教圖解百科　□其他＿＿＿＿＿＿＿＿

● 您對本書的建議：

＿＿＿＿＿＿＿＿＿＿＿＿＿＿＿＿＿＿＿＿＿＿＿＿＿＿＿＿＿＿＿＿

＿＿＿＿＿＿＿＿＿＿＿＿＿＿＿＿＿＿＿＿＿＿＿＿＿＿＿＿＿＿＿＿

＿＿＿＿＿＿＿＿＿＿＿＿＿＿＿＿＿＿＿＿＿＿＿＿＿＿＿＿＿＿＿＿